Unia Genosis

ROSEN-KRIEG - Achter Band

Unia Genosis

ROSEN-KRIEG - Achter Band

"war of the roses" / "guerre des roses"

Goldene Rakete Verlag für Belletristik

Imprint
Any brand names and product names mentioned in this book are subject to trademark, brand or patent protection and are trademarks or registered trademarks of their respective holders. The use of brand names, product names, common names, trade names, product descriptions etc. even without a particular marking in this work is in no way to be construed to mean that such names may be regarded as unrestricted in respect of trademark and brand protection legislation and could thus be used by anyone.

Cover image: www.ingimage.com

Publisher:
Goldene Rakete Verlag für Belletristik
is a trademark of
International Book Market Service Ltd., member of OmniScriptum Publishing Group
17 Meldrum Street, Beau Bassin 71504, Mauritius

Printed at: see last page
ISBN: 978-620-2-44424-8

Inhaltsverzeichnis:

I. Vermögensauskunft (2016/2017) .... S. 3

II. Verfahrenskostenhilfegesuch (2016) .... S. 72

I. <u>Vermögensauskunft (2016/2017):</u>

1. Schreiben Kanzlei „Wohlsein“ an das Amtsgericht:[1]

Antrag

1. Der ältesten Tochter, vertreten durch die Kindesmutter

- Antragstellerin zu 1 -

2. Der jüngeren Tochter, vertreten durch die Kindesmutter

- Antragstellerin zu 2 -

3. Der Kindesmutter

- Antragstellerin zu 3 -

gegen
Herrn A.

- Antragsgegner -

wegen:

1. Erhöhung / Abänderung von Kindesunterhalt
2. Betreuungsunterhalt

[1] 22.02.2016

Ordnungsgemäße Vollmacht versichernd bestellen wir uns für die Antragstellerinnen und beantragen, wie folgt zu erkennen:

I. Der Antragsgegner wird verpflichtet, den Antragstellerinnen Auskunft zu erteilen

1. Über sein Vermögen,
   a) Aus nichtselbständiger Arbeit im Zeitraum vom 01.01.15 bis 31.12.15 durch Vorlage eines spezifizierten und nach Monaten systematisch geordneten Verzeichnisses, in dem das gesamte lohnsteuerpflichtige und nicht lohnsteuerpflichtige, laufende oder einmalige Arbeitsentgelt einschließlich aller Zulagen, Zuschläge, Sonderleistungen, geldwerter Vorteile sowie Auslösen und Spesen und auf der Ausgabenseite je als gesonderte Posten die einzelnen steuerlichen Abzugsbeträge unter Angabe der verwendeten Steuerklasse und steuerlicher Freibeträge sowie die einzelnen Abzugsbeträge (Arbeitnehmeranteile) für die gesetzliche Sozialversicherung angegeben sind,
   b) Das keiner einkommensteuerlichen Einkunftsart unterfällt, wie beispielsweise Lohnersatzleistungen aller Art und Sozialleistungen für den vorgenannten Zeitraum;
   c) Und diesbezügliche selbst getragene Aufwendungen für die soziale Sicherung für den gleichen Zeitraum; spezifiziert nach Monaten und die einzelnen

Aufwendungen. Mögliche Arbeitgeberzuschüsse sind gesondert aufzuführen.

d) Aus anderen Einkunftsarten für die drei Kalenderjahre 2013 bis 2015 durch Vorlage eines spez. und nach Jahren und Einkunftsquellen systematisch geordneten Verzeichnisses, in dem alle Einnahmen und Ausgaben angegeben sind.

e) Bei Einkünften aus Vermietung und Verpachtung ist die steuerliche Gebäudeabschreibung gesondert auszuweisen. Bei Einkünften aus selbständiger Arbeit, Gewerbe oder Land- und Forstwirtschaft ist Auskunft über den ermittelten Gewinn sowie die Privateinlagen und Privatentnahmen zu erteilen.

2. Auskunft zu erteilen über sein Vermögen am 31.12.2015 durch Vorlage eines spezifizierten Vermögensverzeichnisses über alle aktiven und passiven Vermögenswerte im In- und Ausland.

II. Der Antragsgegner wird verpflichtet, der Antragstellerin folgende Belege vorzulegen.

1. Die abgegebene Einkommensteuererklärung für das Jahr 2015 mit allen amtlichen Anlagen (z.B. Anlagen N, KAP, SO, GSE, V, je soweit betroffen) und alle dazugehörigen Steuerbescheide samt eventueller Berichtigungsbescheide.

2. Zum Einkommen aus nicht selbständiger Arbeit für den in Ziff. I. 2 a) angegebenen Zwölfmonatszeitraum
   a) Detaillierte Lohn-, Gehalts- oder Bezügeabrechnungen,
   b) Abrechnungen über Spesen und andere Nebenleistungen,
   c) Soweit betroffen, Provisionsabrechnungen.

3. Zum Renteneinkommen für den gleichen Zeitraum:
   a) Die Rentenbescheide oder Bewilligungsschreiben,
   b) Die letzte Rentenanpassungsmitteilung,
   c) Rentenabrechnungen unter Einbeziehung von Zuschüssen und Abzügen für die Kranken- und Pflegeversicherung.

4. Zum Einkommen aus Kapital für den Dreijahreszeitraum gem. Ziff. I. 2. d)
   a) Abrechnungen, Gutschriften und Ausschüttungsbescheinigungen über den Kapitalertrag, speziell Zinsen, Dividenden, Ausschüttungen aus GmbHs,
   b) Abrechnungen über einbehaltene inländische und ausländische Steuern,
   c) Bei Beteiligung an einer GmbH, auch in mittelbarer Form, die vollständigen Gewinnermittlungen sowie die Eigenkapitalgliederungen der Gesellschaft.

5. Zum Einkommen aus Vermietung und Verpachtung für den gleichen Zeitraum:
   a) Spez. Abrechnungen oder Journale über alle Einnahmen und Ausgaben,
   b) Die Anlagen V zu den Einkommensteuererklärungen oder Gemeinschaftserklärungen,
   c) Beim Finanzamt eingereichte Anlagen, Übersichten, Erläuterungen zu den Anlagen V,

6. Zum Einkommen aus selbständiger Arbeit, Gewerbe oder Land- und Forstwirtschaft für den gleichen Zeitraum:
   a) Vollständige Gewinnermittlungen einschließlich detaillierter Verzeichnisse über das betriebliche Anlagevermögen und dessen steuerliche Abschreibung,
   b) Bei Gesellschaften oder Mitunternehmerschaften die steuerlichen Gewinnerklärungen mit allen Anlagen,
   c) Etwas vorliegende Berichte über steuerliche Außenprüfungen, die im Auskunftszeitraum ergangen sind oder diesen betreffen,
   d) Soweit betroffen, die Umsatzsteuervoranmeldungen sowie die Umsatzsteuererklärungen und Steuerbescheide dazu.

7. Über sein Vermögen durch Vorlage eines spez. Vermögensverzeichnisses über alle aktiven und passiven Vermögenswerte im In- und Ausland.

8. Auskunft ist ansonsten über alle unterhaltsrechtlich relevanten Umstände zu erteilen, insbesondere (soweit veranlasst):
   a) Mietfreies Wohnen,
   b) Dauer des Zusammenlebens mit einem neuen Partner,
   c) Höhe und Grund eines nach Trennung (alternativ: Scheidung) aufgenommenen Darlehens und monatliche Belastung getrennt nach Zins- und Tilgung mit Nachweisen (Darlehensvertrag, Zahlungsbelege über die letzten 12 zusammenhängenden Monate)

9. Es ist schriftlich zu erklären, dass außer den in der Auskunft angegebenen Einkünften keinerlei weitere Einkünfte existieren.

Gründe:

1.) Die Statusangaben sind dem Gericht aus zahlreichen Verfahren bekannt, so dass wir diese hier nur kurz wiederholen:

Die Antragstellerinnen zu 1 und 2 sind die ehelichen Kinder des Antragsgegners; die Antragsgegnerin zu 3 ist die geschiedene Ehefrau des Antragsgegners. Die Kinder leben bei der Kindesmutter und werden von dieser betreut.

2.) Der Antragsgegner hat zwei Jugendamtsurkunden am 24.05.2011 errichtet, und zwar auf 100 % des Mindestunterhaltes, abzüglich des hälftigen Kindergeldes.

Damals erhielt der Antragsgegner Arbeitslosengeld I in Höhe von € 1.522,50 monatlich.

Nach einem Schlaganfall und nach seiner Genesung isst der Antragsgegner teilweise tätig geworden im Rahmen von 15 Wochenstunden, später bezog er erneut Arbeitslosengeld. Von Mai 2015 bis Nov. 2015 (angeblich) erhielt er einen Gründungszuschuss in Höhe von monatlich € 1.836,30 für eine selbständige Tätigkeit. Heute ist der Antragsgegner angeblich arbeitssuchend. Eine Nebentätigkeit hat er, soweit ersichtlich, bisher nicht aufgenommen.

3.) Der Antragsgegner hat, im Rahmen von Eidesstattlichen Versicherungen zur Begründung seines Anspruches auf Verfahrenskostenhilfe, Angaben zu seinen Einkommens- und

Vermögensverhältnissen gemacht, die den Antragstellerinnen jedoch nicht vorliegen.

Außerdem ist eine solche Auskunft nicht gleichzusetzen mit einer Auskunft zur Berechnung des Betreuungs- und des Kindesunterhaltes.

Der Antragsgegner hat ferner, soweit ersichtlich, bisher sein erhebliches Grundvermögen und dessen Wert nicht eingesetzt, obwohl er nicht in der Lage ist, seinen minderjährigen Kindern Unterhalt zu gewähren.

Soweit ferner ersichtlich, hat der Antragsgegner sich lediglich auf Stellen beworben, die seiner Qualifikation entsprechen. In Anbetracht der Tatsache, dass die verschärfte Unterhaltsverpflichtung gegenüber minderjährigen Kindern besteht, hätte der Antragsgegner durchaus auch Tätigkeiten annehmen müssen, die seiner Qualifikation und Ausbildung nicht primär entsprachen.

Nach wie vor ist der Nachweis einer hohen Anzahl von Bewerbungen, die das Oberlandesgericht etwa zugrunde legt, nämlich ca. 30 im Monat, hier bei Weitem nicht erbracht und es ist auch nichts Entsprechendes dargetan worden. Jedenfalls fehlt den Antragstellerinnen eine lückenlose Übersicht über die Einkommensverhältnisse einerseits und die Vermögensverhältnisse andererseits, und zwar in einer Urkunde, zusammenhängend und strukturiert.

Der Antragsgegner kann sich auch nicht darauf berufen, die Antragstellerinnen hätten davon Kenntnis und benötigten die Auskunft nicht, da er selbst die Einsichtnahme der Antragstellerinnen in die Verfahrenskostenhilfegesuche unterbunden hat. So möchten die Antragstellerinnen etwa Kenntnis darüber haben, was mit den kapitalbildenden Lebensversicherungen des Antragsgegners geschehen ist (drei an der Zahl) und ob Invaliditätsleistungen von zwei dafür abgeschlossenen Versicherungen erbracht wurden.

Näherer Sachvortrag bleibt dazu vorbehalten, sobald die Auskünfte erteilt sein werden.

4.) Sollte weiterer Sach- und Rechtsvortrag erforderlich sein, erbitte ich höflich einen Hinweis.

Die Rechtsanwälte
durch

(Rechtsanwalt)

2. Schreiben Kanzlei „Wohlsein“ an Frau G.:[2]

G. ./. A.

Sehr geehrte Frau G.,

in dieser Angelegenheit übersenden wir die Rechnung des angerufenen Familiengerichts für das Auskunftsverfahren.

Bitte zahlen Sie den dort ausgewiesenen Betrag von € 159,00 auf das dort angegebene Konto unter Angabe des dortigen Aktenzeichens.

Mit freundlichen Grüßen

(Rechtsanwalt)

[2] 02.03.2016

3. Schreiben Kanzlei „ehr&wehr" an das Amtsgericht:[3]

In Sachen
G. ./. A.

bestellen wir uns zu Verfahrensbevollmächtigten des Antragsgegners, ordnungsgemäße Bevollmächtigung versichernd, und zeigen an, dass der Antragsgegner sich gegen den Antrag verteidigen wird.

Der vorliegende Antrag ist überflüssig wie ein Kropf. Der Antragstellerin zu 3) sind die Einkommens- und Vermögensverhältnisse des Antragsgegners bestens bekannt. Aus Sicht des Antragsgegners dient das vorliegende Verfahren im Wesentlichen zur Befriedigung des Streitbedarfs der Antragstellerin zu 3).

Im Verfahren 2015 hat der Antragsgegner vollumfänglich seine Einkommens- und Vermögensverhältnisse in den Jahren 2014 und 2015 dargelegt und belegt. Unrichtig ist die Behauptung, der Antragsgegner habe „Einsichtnahme der Antragstellerinnen in die Verfahrenskostenhilfegesuche unterbunden". Es sei dem neuen Prozessbevollmächtigten der Antragstellerin zu 3) nachgesehen, dass er noch nicht den Überblick über alle Verfahren und die darin enthaltenen Anträge hat.

[3] 23.03.2016

Der Antrag der Antragstellerin zu 3) in Einsichtnahme von PKH-Unterlagen eines längst abgeschlossenen Verfahrens, das zudem mit dem Unterhalt nichts zu tun hatte, war in der Tat vom Antragsgegner abgelehnt und vom erkennenden Gericht der entsprechende Antrag der Antragstellerin zu 3) zurückgewiesen worden.

Wir werden innerhalb der vom Gericht gesetzten Frist zu all den unsinnigen und überflüssigen Anträgen im Einzelnen Stellung nehmen und entsprechende Anträge formulieren.

Rechtsanwalt

4. Schreiben Kanzlei „Wohlsein“ an das Amtsgericht:[4]

In Sachen

G.

./.

A.

hier: *Auskunft*

halten wir den Schriftsatz vom 23.03.2016 für bemerkenswert: Der Antragsgegnervertreter wird gebeten, seine Brachialrhetorik („überflüssig wie ein Kropf …“) zu mäßigen; dies würde die Sache fördern und nicht weitere Emotionen schüren.

Dies vorausgeschickt, interpretieren wir die Äußerung dahin gehend, dass ein Rechtsschutzbedürfnis nicht bestehen soll. Deswegen besteht Anlass, den Antragsgegner darauf hinzuweisen, dass der Anspruch auf Auskunft erfüllt wird ausschließlich durch eine **systematische Zusammenstellung aller erforderlichen Angaben, die ohne übermäßigen Arbeitsaufwand die Einkommensberechnung ermöglichen** (vgl. BGH FamRz 2015, 127).

[4] 18.04.2016

Eine solche Auskunft erfordert eine Erklärung in **einem** Schriftstück, nicht verteilt auf mehrere Schriftsätze (BGH FamRz 2008, 600). Einzelne Auskünfte, Teilauskünfte sind insoweit grundsätzlich nicht ausreichend, wie auch aus der als

Anlage 1

beigefügten Eidesstattlichen Erklärung vom 27.01.2016 hervorgeht.

Insbesondere sei der Antragsgegner darauf hingewiesen, dass er die Auskünfte über sein Vermögen *bewusst* nicht erteilt.

Der Antragsgegner hat erhebliches Grundvermögen, dessen Wert er nicht einsetzt, obwohl er ansonsten nicht in der Lage ist, seinen minderjährigen Kindern Unterhalt zu gewähren, so dass eine Verwertungsnotwendigkeit besteht.

Es kann mithin keine Rede davon sein, dass der Antragsteller die Auskunft bereits erteilt habe.

Die Rechtsanwälte
durch

(Rechtsanwalt)

5. Schreiben Kanzlei „ehr&wehr" an das Amtsgericht:[5]

In der Familiensache

G. ./. A.

nehmen wir zum Antrag der Antragstellerseite vom 22.02.2016 im Folgenden Stellung, obwohl der Antragsgegner nicht zur Auskunft verpflichtet ist, weil die Antragstellerseite bereits im vorangegangenen Verfahren 2015 und im laufenden Verfahren 2016 vollumfänglich Auskunft über Einkommen und Vermögen des Antragsgegners erhalten hat. Trotzdem wird, ohne dass hiermit eine entsprechende Auskunftspflicht anerkannt würde, im Einzelnen folgendes zu den diversen Anträgen erwidert:

zu I) Da davon ausgegangen wird, dass die Antragstellerseite mit dem Antrag I 1) Auskunft über das Einkommen begehrt und nicht, wie geschrieben, „über sein Vermögen", wird hierzu folgendes angemerkt:

1 a) Der Antragsgegner stand in der Zeit vom 01.01. bis 30.04.2015 in einem abhängigen Beschäftigungsverhältnis. Sein monatliches Nettoeinkommen hieraus betrug 733,93 €. Wir überreichen hierzu als **Anlage** 1) die Abrechnungen seines Gehaltes für diese vier Monate.

Des Weiteren überreichen wir als **Anlage** 2) in Kopie das Kündigungsschreiben vom 31.03.2015, mit dem das Arbeitsverhältnis

[5] 11.04.2016

zum 30.04.2015 beendet wurde. Sonstige Einkünfte aus nichtselbständiger Tätigkeit erzielte der Antragsgegner in 2015 nicht.

1 b) Für die Zeit ab 01.05.2015 wurde dem Antragsgegner gemäß beigefügter als **Anlage** 3 beigefügter Kopie des Bescheides der Agentur für Arbeit vom 24.04.2015 ein Arbeitslosengeld in Höhe von täglich 51,21 € bewilligt.

Ab 25.05.205 wurde ihm mit Laufzeit bis zum 24.11.2015 von der Agentur für Arbeit ein Gründungszuschuss von monatlich 1.836,30 € bewilligt, der eine Pauschale von 300,00 € zur sozialen Sicherung enthielt. Der entsprechende Bescheid wird als **Anlage** 4) in Kopie überreicht.

Die entsprechenden Belege wurden bereits im Verfahren 2015 mit entsprechendem Vortrag vorgelegt.

1 c) Der Antragsgegner zahlte bis zum Auslaufen des Gründungszuschusses gemäß dem als **Anlage** 5) beigefügten Bescheid monatlich für Kranken- und Pflegeversicherung 265,01 €, ab 25.11.2015 244,52 € und zahlt nunmehr gemäß dem als **Anlage** 6) beigefügten Bescheid vom 29.01.2016 monatlich 254,19 € für Kranken- und Pflegeversicherung. Gemäß dem als **Anlage** 7) überreichten Schreiben der Agentur für Arbeit vom 15.12.2015 zahlte er für die Zeit vom 25.05.2015 bis Ende des Jahres 2015 Beiträge für die Arbeitslosenversicherung in Höhe von 307,63 €.

1 d) Sämtliche Einkünfte des Antragsgegners sowohl für 2013 als auch 2014 waren Gegenstand der vorangegangenen Verfahren.

Entsprechende Angaben und Auskünfte hat der Antragsgegner seinerzeit erteilt. Da er nicht selbstständig tätig gewesen ist außer ab Ende Mai 2015, ist keine Dreijahresauskunft (und dies nochmals) zu erteilen.

1 e) Bezüglich der Umsätze aus selbstständiger Tätigkeit in 2015 liegt den Antragstellern ebenfalls die vollständige Auskunft des Antragsgegners vor. Wir verweisen auf das Verfahren 2016 und hier auf den Schriftsatz vom 29.01.2016. Als **Anlage** 8) fügen wir, da die Prozessbevollmächtigten der Antragstellerinnen wohl noch nicht zur Lektüre dieser Aufstellung gekommen sind, diese Zusammenstellung der Umsätze des Antragsgegners in seiner Zeit als Selbstständiger in 2015 in Kopie bei.

Zu I. 2) Auch das Vermögen des Antragsgegners ist der Antragstellerin zu 3) bestens bekannt aus der außergerichtlichen Korrespondenz hinsichtlich Zugewinnausgleichs. Außer dem Haus, welches mit einem Wert von 100.000,00 € überbewertet ist, einem PKW, welcher selbstverständlich für die selbstständige Tätigkeit genutzt wird, in einem Wert von ca. 2.500,00 €, hat der Antragsteller kein Vermögen. Der Stand seines Kontos ist verständlicherweise äußerst unterschiedlich gewesen.

Der Antragsgegner hat für die Antragstellerinnen zu 1 und 2) laufenden Unterhalt gezahlt wie folgt: 15.06.2015: 192,40 €; 29.06.2015: 426,00 €; 29.06.2015: 606,00 €; 03.08.2015: 606,00 €; 01.09.2015: 632,00 €; 05.10.2015: 632,00 €; 02.11.2015: 632,00 €; 01.12.2015: 632,00 €.

Darüber hinaus hat der Antragsgegner auf alte Unterhaltsforderung in der Zeit von Juli bis Dezember 2015 1.200,00 € gezahlt.

Weiteres Vermögen als das vorgenannte hat der Antragsgegner nicht und auch nicht in 2015 gehabt.

Zu II 1) Einkommenssteuererklärung für 2015 ist bisher noch nicht abgegeben.

II 2) Lohnabrechnungen liegen vor (siehe I. 1 a)

II 3) Renten wurden nicht bezogen.

II 4) Da kein Kapital vorhanden, sind auch keine Kapitaleinkünfte erfolgt.

II 5) Einkommen aus Vermietung und Verpachtung liegt nicht vor.

II 6) Die umsatzsteuerfreien Umsätze im Zeitpunkt ab 25.05.2015 sind zu I 1 d) angegeben wie auch schon in vorangegangenen Verfahren. Die mit Wohnen im eigenen Hause verbundenen Kosten von monatlich über 500,00 € sind der Antragstellerin zu 3) bereits mehrfach dargelegt und belegt worden. Diese belaufen sich mit geringen Schwankungen im Jahresdurchschnitt auf etwas über 500,00 € pro Monat.

Mangels Zusammenlebens mit einer anderen Person sind hierzu auch keine „unterhaltsrechtlich relevanten Umstände" anzugeben. Der Antragsgegner versichert ausdrücklich, dass außer den vorstehend angegebenen Einkünften keinerlei weiteren Einkünfte im Auskunftszeitraum existierten.

Rechtsanwalt

6. Schreiben des Amtsgerichts an Frau G.:[6]

In Sachen

G. ./. A.

wg. Unterhalt Kind

Sehr geehrte Frau G.,

im oben bezeichneten Verfahren wurde der Haupttermin bestimmt auf:

Wochentag und Datum: **Mittwoch, 01.06.2016**

Uhrzeit: **11:00 Uhr**

Zu diesem Termin werden Sie hiermit geladen.

Mit freundlichen Grüßen

Auf Anordnung

Justizbeschäftigte

Dieses Schreiben wurde elektronisch erstellt und ist ohne Unterschrift gültig.

[6] 21.04.2016

7. Schreiben Kanzlei „Wohlsein" an das Amtsgericht:[7]

In Sachen

G.

./.

A.

hier: Auskunft

Schriftsatzfrist: 02.05.2016

ist der Antragsgegner offenbar nicht in der Lage und willens zu verstehen, wie eine Auskunft auszusehen hat und welche Unterlagen er vorzulegen hat.

1.)

Der Schriftsatz vom 11.04.2016 geht bereits fehlerhaft von der Annahme aus, es würde lediglich das **Einkommen** zu beauskunften sein. Tatsächlich hat der Antragsgegner auch über sein Vermögen Auskunft zu erteilen, da er behauptet, nicht in der Lage zu sein, den Mindestunterhalt für seine minderjährigen Kinder zu zahlen. In diesem Falle ist er verpflichtet, seinen Vermögensstamm anzugreifen und zu verwerten. Deswegen schuldet er auch Auskunft über sein Vermögen.

[7] 25.04.2016

Es ist auch gerade die Auskunft über sein Vermögen, die er beharrlich verweigert. Solange eine aussagefähige Auskunft über das Vermögen nicht erteilt wird, ist die Auskunft auch nicht erledigt.

Der Antragsgegner ist daher nach wie vor nach Maßgabe der Klageanträge zu verurteilen. Auch der Schriftsatz vom 11.04.2016 erfüllt nicht die Anforderungen an eine Auskunft im Sinne des Unterhaltsrechts.

2.)
Wir beantragen,

der Antragstellerin für das Verfahren Verfahrenskostenhilfe zu gewähren unter Beiordnung des Unterzeichners.

Die entsprechende Erklärung nebst den dazu gehörigen Belegen ist beigefügt.

Die Rechtsanwälte
durch

(Rechtsanwalt)

8. Schreiben des Amtsgerichts an Frau G.:[8]

In Sachen
G. ./. A.
wg. Unterhalt Kind

Sehr geehrte Frau G.,
im oben bezeichneten Verfahren wurde der Haupttermin verlegt:
Grund: Auf Antrag des Antr.St./Klägervertreters

Ursprünglicher Termin:

Mittwoch, 01.06.2016, 11:00 Uhr

Sie brauchen daher zu diesem Termin **n i c h t** zu erscheinen.

Neuer Termin ist bestimmt worden auf:

Dienstag, 07.06.2016, 10:00 Uhr

Zu diesem Termin werden Sie hiermit geladen.

Mit freundlichen Grüßen
Auf Anordnung

Justizbeschäftigte
Dieses Schreiben wurde elektronisch erstellt und ist ohne Unterschrift gültig.

---

[8] 24.05.2016

9. Schreiben des Amtsgerichts an Frau G.:[9]

In Sachen

G. ./. A.

wg. Unterhalt Kind

Sehr geehrte Frau G.,

im oben bezeichneten Verfahren wurde der Haupttermin verlegt:

Grund: Auf Antrag des Antr.St./Klägervertreters (stationärer Krankenhausaufenthalt)

Ursprünglicher Termin:

Dienstag, 07.06.2016, 10:00 Uhr

Sie brauchen daher zu diesem Termin **n i c h t** zu erscheinen.

Neuer Termin ist bestimmt worden auf:

Mittwoch, 22.06.2016, 10:15 Uhr

Zu diesem Termin werden Sie hiermit geladen.

Mit freundlichen Grüßen

Auf Anordnung

Justizbeschäftigte

Dieses Schreiben wurde elektronisch erstellt und ist ohne Unterschrift gültig.

[9] 03.06.2016

12. <u>Schreiben Kanzlei „Wohlsein“ an Frau G.:</u>[10]

G. ./. A.

Sehr geehrte Frau G.

in obiger Angelegenheit schlagen wir zur Vorbereitung auf den Gerichtstermin am 22.06.2016 eine Besprechung hier im Hause am

Donnerstag, 16.06.2016, 11:30 – 12:30 Uhr,

vor. Wir überreichen diesbezüglich vorab unseren Aktenvermerk zum bisherigen Sachstand mit der Bitte um Kenntnisnahme.

Wir dürfen um kurze Terminsbestätigung bitten.

Mit freundlichen Grüßen

(Rechtsanwalt)

[10] 14.06.2016

Zur Vorbereitung zum Besprechungstermin mit der Mandantin:

1) **Abänderungsantrag KU für die Zukunft:**
- Wir sollten SS an das Gericht mit folgendem Inhalt fertigen:
- Leistungsfähigkeit des Astellers wurde im Verfahren 2015 zumindest für den Zeitraum Mai 2014 – April 2015 festgestellt
- Es hat sich an seiner Situation nichts geändert, daher besteht Leistungsfähigkeit auch weiterhin
- Insbesondere greift die Argumentation der Gegenseite nicht, dem ASteller sei kein fiktives Einkommen anzurechnen, da er ausreichend Bewerbungsnachweise erbringe. Vielmehr zeigt die Art der Bewerbungen, die der ASteller versendet fast, dass er nicht bemüht ist, eine Stelle zu finden. Der ASteller versendet die gleichen Bewerbungen an die gleichen Stellen, von denen er vor 3 Jahren Absagen erhalten hat. Es besteht dort nicht einmal fachspezifischer Bedarf, so dass der ASteller ganz offensichtlich die alten Bewerbungen versehen mit den alten Anschriften versendet, um dem Erfordernis des Bewerbens nachzukommen. Das reicht jedoch nicht aus. Es handelt sich um von vornherein sinnlose Wiederholungsbewerbungen, die erkennen lassen, dass er seine Verpflichtung, sich um einen neuen Job zu kümmern, nicht ernst niimmt.

2) **Auskunftsantrag (Termin am 22.06.):**
- **Das Gericht hat Bedenken hinsichtlich der Erfolgsaussichten des Antrages**, weil Titel in Höhe des Mindestunterhalts bestehen
- Hier sollten wir SS fertigen:

- Anspruch auf Auskunft besteht, da nach erteilter Auskunft ggfl. Ein über dem Mindestunterhalt bestehender Anspruch bestehen könnte.
- Außerdem besteht Auskunftsanspruch hinsichtlich Vermögen. Hier nimmt AGegner Bezug auf SS vom 11.04.2016, in dem er auf Seite 3 das Haus mit 100.000 € und den Pkw mit 2.500 € als Vermögen angibt.
- Hier mit Mdt. Klären, dass AuskunfsA ggfl. Im Termin für erledigt zu erklären ist

3) eA-Verfahren wegen Zustimmung zu psychologischer Behandlung der jüngeren Tochter:

- Beschwerde gegen Beschluss vom 10.05.2016 mit Begründung aus unseren SS vom 15.04. und 19.05.2016 **(FA: 20.06)**

4) Umgang mit der älteren Tochter:

- Dann übersendet Mdtin e-mail wegen **Umgang**: hier sind wir **m.E. noch gar nicht mandatiert.** Sie bezieht sich auf ein Umgangsverfahren aus 2013, wonach der Umgang gerichtlich geregelt sein soll. Mdt behauptet, dass sich KV nicht an Umgangsregelung hält. Klärungsbedarf: Wir benötigen Umgangsbeschluss und konkrete Angaben, inwieweit Umgang aktuell nicht so ausgeübt wird.
- Möglicherweise meint Mdt den Umstand, dass die älteste Tochter wohl zum Vater ziehen will. Hierzu schickt Mdt Vermerk über Gespräch am 13.06.2016 gemeinsam mit ev. Jugendhilfe. Ich verstehe dies so, dass sich Parteien auf die mitgeteilte Regelung („Testwohnen“) geeinigt haben.
- Mit Mdt ist zu klären, ob hier Handlungsbedarf besteht.

13. Schreiben Kanzlei „Wohlsein“ an das Amtsgericht:[11]

In Sachen

G.

./.

A.

Termin: 22.06.2016

tragen wir terminsvorbereitend noch folgendes vor:

1.)

Der Auskunftsanspruch ist entgegen der Auffassung des Antragsgegners noch nicht erledigt.

a) Der Auskunftsanspruch bezüglich des Einkommens umfasst das gesamte Jahr 2015. Die vorgelegten Einkommensnachweise decken die Zeit ab vom

- 01.01.2015 bis 30.04.2015
- 01.05.2015 bis 25.05.2015
- 26.05.2015 bis 24.11.2015

Wovon hat der Antragsgegner ab 25.11.2015 gelebt?

Diese Auskunft wird schon nicht erteilt.

[11] 16.06.2016

Hat der Antragsgegner weiter Arbeitslosengeld erhalten?
In welcher Höhe?

Nach wie vor ist die Auskunft schon zum Einkommen nicht erteilt.

Da auch die Nutzung des Vermögens (Haus) Einkünfte sind (Zinsen, Wohnwert usw.), hat die Auskunft zu den **Einkünften** auch eine dezidierte Darstellung des Wohnwertes und etwaiger Belastungen zu erfolgen. Es reicht deswegen nicht, wenn auf Bl. 5 lapidar beauskunftet wird:

„Die mit Wohnen im eigenen Haus verbundenen Kosten von monatlich über € 500,00 sind der Antragstellerin zu 3) bereits mehrfach dargelegt und belegt worden."

Das reicht für die Erteilung einer Auskunft nicht aus, da die Auskünfte nicht belegt sind.

Das reicht aber auch deswegen nicht aus, weil der Wohnwert im eigenen Haus überhaupt nicht als Einkommen ausgewiesen wird.

b) <u>Anders herum:</u>
Die Auskunft ist explizit falsch, weil unter Ziffer 2) 5, geschrieben wird:

„Einkommen aus Vermietung und Verpachtung liegt nicht vor."

Der eigene Wohnwert gehört zu den Einkünften.

c) Darüber hinaus ist die Auskunft zu erteilen über den **Vermögensstamm:**

Rechtlich gesehen: Wenn die Einkünfte nicht zur Bedarfsdeckung oder Leistungsfähigkeit ausreichen, ist nach dem eindeutigen Gesetzeswortlaut des § 1605 BGB Auskunft zum Vermögen zu erteilen. Nur wenn die Einkünfte aus den anderen Einkommensarten ausreichen, angemessen Unterhalt zu zahlen, bedarf es der Erteilung einer Auskunft zum Vermögensstamm nicht. Das ist indes nicht der Fall. Wie der Gesetzgeber schon im vereinfachten Verfahren in § 252 Abs. 2 Satz 3 FamFG geregelt hat, ist eine **unbegrenzte Auskunft zum Vermögen** bis zu einem Unterhaltsbegehren von 120% des Mindestunterhaltes zu verlangen (vgl. dazu Gerhardt, Handbuch des Fachanwaltes für Familienrecht, 10. Aufl. Kap. 6 Rz. 987 m.w.N.).
Deswegen besteht auch das Rechtsschutzbedürfnis, trotz des Hinweises des Gerichtes, da hier zum einen die Auskünfte zum Wohnwert nicht erteilt werden, zum anderen die Belastungen nicht belegt werden und darüber hinaus nur eine Mindestunterhaltsverpflichtung tituliert ist. Mit dem vorliegenden Verfahren soll aber geprüft werden, inwieweit der Antragsgegner verpflichtet ist, seinen Vermögensstamm einzusetzen, wofür einiges spricht, um seinen Kindern auskömmlichen Unterhalt zu gewähren.

Infolge der gesetzlichen Regelung in § 252 Abs. 2 Satz 3 Fam FG bleibt also das Rechtsschutzbedürfnis bestehen, obwohl ein Unterhaltstitel über den Mindestunterhalt vorliegt.

2.)

Auch die formalen Anforderungen sind unzulänglich:
Eine systematische Zusammenstellung aller erforderlichen Angaben, um den Gegner ohne übermächtigen Arbeitsaufwand die Einkommensberechnung zu ermöglichen, ist dies sicherlich nicht (vgl. BGH FamRZ 1983, 996, 2015; 127).
Anzugeben ist nämlich nicht nur das Endergebnis, sondern es sich die gesamten Einnahmen und alle damit zusammenhängenden Ausgaben aufzuschlüsseln (Steuern, Versorgungsaufwendungen, Werbungskosten, berufsbedingte Aufwendungen etc.).

Ferner sind alle unterhaltsrechtlich relevanten Umstände, z.B. mietfreies Wohnen, vorzutragen (OLG, Fam RZ 1987, 1156).

Bei Einkünften aus selbständiger Tätigkeit ist eine detaillierte Darstellung erforderlich, um eine Trennung von unterhaltsrechtlich beachtlichen und etwa im Gegensatz zum Steuerrecht unbeachtlichen Positionen zu ermöglichen (BGH FamRZ 2012, 288). Die lapidare Übersicht über die Einkünfte in der Anlage A 8 sind sicherlich in keiner Weise ausreichend.

Zu den Vermögensnachweisen über den Vermögensstamm sind **zumindest** für die **Bewertung relevanten Umstände** vorzutragen. Auch dies ist hier nicht geschehen, außer der lapidaren Aussage, das Objekt sei mit € 100.000,00 bereits überbewertet. Welch ein Wert soll das sein? Ist dies der Verkehrswert? Der Substanzwert? Der Ertragswert?

Alle Einzelheiten sind so auszuführen, dass eine Überprüfung (auch durch ein Sachverständigengutachten) möglich ist. All dies lässt die Auskunft jedoch vermissen.

3.)

Eine Bemerkung sei erlaubt:

Ich halte es für vollkommen unüblich und auch nicht zielführen, wenn bereits im Auskunftsverfahren über solche, eigentlich zu den Selbstverständlichkeiten gehörenden Auskunftspflichten gestritten werden muss. Es bringt den Parteien nicht viel, wenn verzögert wird, unvollständige Auskunft erteilt wird, Verweisungen auf frühere Schriftsätze erfolgen. Die Notwendigkeit für eine zusammenfassende und systematische Darstellung ist in der Rechtsprechung so oft ausgeurteilt worden, dass darüber unter Juristen kein Streit bestehen sollte.

Nach wie vor sind wir nicht in der Lage, zu ermessen, in welcher Höhe der Unterhaltsanspruch der Kinder richtig zu bemessen ist. Das ist aber Sinn und Zweck einer solchen Auskunftsklage.

Dieser das Rechtsschutzbedürfnis absprechen zu wollen, führt sicherlich nicht zum Ziel.

Die Rechtsanwälte
durch

(Rechtsanwalt)

14. Protokoll des Amtsgerichts:[12]

Protokoll

aufgenommen in der nichtöffentlichen Sitzung des Amtsgerichts – Familiengericht – am Mittwochen, 22.06.2016

Gegenwärtig:

Direktor am Amtsgericht

Von der Zuziehung eines Protokollführers wurde gemäß §§ 113 FamFG, 159 Abs. 1 ZPO abgesehen.

In der Familiensache

1. Der ältesten Tochter, vertreten durch die gesetzliche Vertreterin

- **Antragstellerin** -

2. Der jüngeren Tochter, vertreten durch die gesetzliche Vertreterin

- **Antragstellerin** -

gegen

Herrn A.

- **Antragsgegner** -

wegen Kindesunterhalt

[12] 27.06.2016

erscheinen bei Aufruf der Sache:

- Für die Antragsteller deren Mutter und Rechtsanwalt
- Der Antragsgegner und Rechtsanwalt

Gericht überreicht Schriftsatz des Antragsteller-Vertreters vom 16.06.2016 an den Antragsgegner-Vertreter.

Der Sachverhalt wurde erörtert.

Antragsteller-Vertreter stellt den Antrag aus der Antragsschrift vom 22.02.2016.

Antragsgegner-Vertreter beantragt, den Antrag abzuweisen.

b.u.v.:

Termin zur Verkündung einer Entscheidung wird bestimmt auf

Mittwoch, den 13. Juli 2016, 9.00 Uhr

Protokoll wurde fertiggestellt am: 27.06.2016

Direktor des Amtsgerichts

Justizbeschäftigte
als Urkundsbeamtin der Geschäftsstelle zugleich für die Richtigkeit und Vollständigkeit der Übertragung vom Tonträger
Der Tonträger wird frühestens 1 Monat nach Zugang des Protokolls gelöscht, sofern keine Einwendungen erhoben werden.

15. Schreiben der Kanzlei „Wohlsein“ an Frau G.:[13]

G. ./. A.

hier: Auskunftsverfahren – Stufenverfahren i.S. Erhöhung des Unterhaltes für die Kinder

Sehr geehrte Frau G.,

den Terminsbericht vom 22.06.2016 kann ich kurz fassen, da Sie an der Verhandlung mit mir teilgenommen haben. Eine Kopie des Sitzungsprotokolls füge ich als Anhang bei.

Das Gericht vertrat die Auffassung, ein Rechtsschutzbedürfnis sei für die weiteren Auskünfte nicht gegeben, da Ihr geschiedener Ehemann 100 % des Mindestunterhaltes anerkannt habe und darüber ein Titel existiert.

Dies wird in der Rechtsprechung anders gesehen:
Soweit Ansprüche unter 120 % tituliert sind, besteht weiterhin ein Rechtsschutzbedürfnis, auch für die Angabe des Vermögens.

Da wir uns darüber nicht einigen konnten, wird das Gericht eine Entscheidung verkünden, gegen welche wir in die Beschwerde gehen werden.

[13] 30.06.2016

Die Auffassung des Gerichtes war für mich nicht gut nachvollziehbar: Der Eingangssatz des Richters, dass man sich offenbar gerne streite, gefiel mir schon deswegen nicht, weil es Aufgabe des Gerichtes ist, Streitigkeiten zu lösen, und zwar auf eine rechtlich nachvollziehbare Art und Weise. Wenn der Richter am Rande erwähnt, dass er der Gegenseite das eigene Wohnen im großen Haus nicht zurechnen will, ist das m.E. ebenfalls keine rationale Entscheidungsgrundlage. Auch dies werden wir dann, zweitinstanzlich, überprüfen lassen.

Wir warten nun die Entscheidung des Gerichtes ab. Dass wir hier Rechtsmittel einlegen, hatten wir bereits besprochen.

Ich erlaube mir, da wir hier keine Prozesskostenhilfe haben, und zwar mangels der vom Gericht bescheinigten Erfolgsaussichten, meine Vorschussrechnung zu überreichen.

Mit freundlichem Gruß

(Rechtsanwalt)

16. Beschluss des Amtsgerichts:[14]

IM NAMEN DES VOLKES

Beschluss

In der Familiensache

1. Der ältesten Tochter, vertreten durch die gesetzliche Vertreterin

- **Antragstellerin** -

2. Der jüngeren Tochter, vertreten durch die gesetzliche Vertreterin

- **Antragstellerin** -

gegen

Herrn A.

- **Antragsgegner** -

wegen Kindesunterhalt

hat das Amtsgericht – Familiengericht – durch den Direktor des Amtsgerichts am 13.07.2017 aufgrund der mündlichen Verhandlung vom 22.06.2016 beschlossen:

[14] 13.07.2016

I. Der Antragsgegner wird verpflichtet, den Antragstellerinnen Auskunft zu erteilen

1. Über sein Einkommen
    a) Aus nichtselbständiger Arbeit im Zeitraum vom 01.01.15 bis 31.12.15 durch Vorlage eines spezifizierten und nach Monaten systematisch geordneten Verzeichnisses, in dem das gesamte lohnsteuerpflichtige und nicht lohnsteuerpflichtige, laufende oder einmalige Arbeitsentgelt einschließlich aller Zulagen, Zuschläge, Sonderleistungen, geldwerter Vorteile sowie Auslösen und Spesen und auf der Ausgabenseite je als gesonderte Posten die einzelnen steuerlichen Abzugsbeträge unter Angabe der verwendeten Steuerklasse und steuerlicher Freibeträge sowie die einzelnen Abzugsbeträge (Arbeitnehmeranteile) für die gesetzliche Sozialversicherung angegeben sind,
    b) Das keiner einkommensteuerlichen Einkunftsart unterfällt, wie beispielsweise Lohnersatzleistungen aller Art und Sozialleistungen für den vorgenannten Zeitraum,
    c) Und diesbezügliche selbst getragene Aufwendungen für die soziale Sicherung für den gleichen Zeitraum; spezifiziert nach Monaten und die einzelnen Aufwendungen. Mögliche Arbeitgeberzuschüsse sind gesondert aufzuführen.
    d) Aus anderen Einkunftsarten für die drei Kalenderjahre 2013 bis 2015 durch Vorlage eines

spez. und nach Jahren und Einkunftsquellen systematisch geordneten Verzeichnisses, in dem alle Einnahmen und Ausgaben angegeben sind.

e) Bei Einkünften aus Vermietung und Verpachtung ist die steuerliche Gebäudeabschreibung gesondert auszuweisen. Bei Einkünften aus selbständiger Arbeit, Gewerbe oder Land- und Forstwirtschaft ist Auskunft über den ermittelten Gewinn sowie die Privateinlagen und Privatentnahmen zu erteilen.

2. Auskunft zu erteilen über sein Vermögen am 31.12.2015 durch Vorlage eines spezifizierten Vermögensverzeichnisses über alle aktiven und passiven Vermögenswerte im In- und Ausland.

II. Der Antragsgegner wird verpflichtet, der Antragstellerin folgende Belege vorzulegen.

1. Die abgegebene Einkommensteuererklärung für das Jahr 2015 mit allen amtlichen Anlagen (z.B. Anlagen N, KAP, SO, GSE, V, je soweit betroffen) und alle dazugehörigen Steuerbescheide samt eventueller Berichtigungsbescheide.

2. Zum Einkommen aus nicht selbständiger Arbeit für den in Ziff. I. 2 a) angegebenen Zwölfmonatszeitraum

a) Detaillierte Lohn-, Gehalts- oder Bezügeabrechnungen,
b) Abrechnungen über Spesen und andere Nebenleistungen,
c) Soweit betroffen, Provisionsabrechnungen.

3. Zum Renteneinkommen für den gleichen Zeitraum:
a) Die Rentenbescheide oder Bewilligungsschreiben,
b) Die letzte Rentenanpassungsmitteilung,
c) Rentenabrechnungen unter Einbeziehung von Zuschüssen und Abzügen für die Kranken- und Pflegeversicherung.

4. Zum Einkommen aus Kapital für den Dreijahreszeitraum gem. Ziff. I. 2. d)
a) Abrechnungen, Gutschriften und Ausschüttungsbescheinigungen über den Kapitalertrag, speziell Zinsen, Dividenden, Ausschüttungen aus GmbHs,
b) Abrechnungen über einbehaltene inländische und ausländische Steuern,
c) Bei Beteiligung an einer GmbH, auch in mittelbarer Form, die vollständigen Gewinnermittlungen sowie die Eigenkapitalgliederungen der Gesellschaft.

5. Zum Einkommen aus Vermietung und Verpachtung für den gleichen Zeitraum:

a) Spez. Abrechnungen oder Journale über alle Einnahmen und Ausgaben,
b) Die Anlagen V zu den Einkommensteuererklärungen oder Gemeinschaftserklärungen,
c) Beim Finanzamt eingereichte Anlagen, Übersichten, Erläuterungen zu den Anlagen V,

6. Zum Einkommen aus selbständiger Arbeit, Gewerbe oder Land- und Forstwirtschaft für den gleichen Zeitraum:
   a) Vollständige Gewinnermittlungen einschließlich detaillierter Verzeichnisse über das betriebliche Anlagevermögen und dessen steuerliche Abschreibung,
   b) Bei Gesellschaften oder Mitunternehmerschaften die steuerlichen Gewinnerklärungen mit allen Anlagen,
   c) Etwas vorliegende Berichte über steuerliche Außenprüfungen, die im Auskunftszeitraum ergangen sind oder diesen betreffen,
   d) Soweit betroffen, die Umsatzsteuervoranmeldungen sowie die Umsatzsteuererklärungen und Steuerbescheide dazu.

7. Auskunft ist ansonsten über alle unterhaltsrechtlich relevanten Umstände zu erteilen, insbesondere (soweit veranlasst):

a) Mietfreies Wohnen,
b) Dauer des Zusammenlebens mit einem neuen Partner,
c) Höhe und Grund eines nach Trennung (alternativ: Scheidung) aufgenommenen Darlehens und monatliche Belastung getrennt nach Zins- und Tilgung mit Nachweisen (Darlehensvertrag, Zahlungsbelege über die letzten 12 zusammenhängenden Monate)

8. Es ist schriftlich zu erklären, dass außer den in der Auskunft angegebenen Einkünften keinerlei weitere Einkünfte existieren.

III. Im Übrigen wird der Antrag abgewiesen.

IV. Die Kosten des Verfahrens tragen die Antragsteller zu ½ und der Antragsgegner zu ½.

Gründe:

Die Antragstellerin zu 3 und der Antragsgegner sind geschiedene Eheleute.

Die Antragstellerin zu 1 und 2 sind die ehelichen Kinder der Antragstellerin zu 3 und des Antragsgegners. Die Kinder leben bei ihrer Mutter. Die Antragsgegnerin zu 3 und der Antragsgegner haben in vielerlei Hinsicht im Rahmen des Auseinandergehens ihrer Ehe Rechtsstreitigkeiten geführt und tun dies aktuell noch. Neben dem vorliegenden Verfahren streiten die Beteiligten unter umgekehrten Rubrum darum, ob der Unterhalt für die beiden minderjährigen Kinder herabgesetzt werden muss.

Der Antragsgegner hatte sich nämlich in den Jugendamtsurkunden vom 24.05.2011 verpflichtet, 100 % des Mindestunterhaltes, abzüglich des hälftigen Kindergeldes für die beiden Töchter, zu zahlen.

Nachdem der Antragsgegner zuletzt Arbeitslosengeld I erhielt, nahm er nach einem Schlaganfall eine Teilzeitbeschäftigung auf und bezog später erneut Arbeitslosengeld. Im Jahr 2015 bezog er zeitweise einen Gründungszuschuss für eine selbständige Tätigkeit.

In der Folgezeit hat der Antragsgegner zumindest teilweise Auskunft erteilt, wobei die Beteiligten sich darüber streiten, ob diese vollständig ist.

Die Antragstellerinnen sind insbesondere der Auffassung, dass der Antragsgegner auch verpflichtet ist, über seine Vermögensverhältnisse Auskunft zu erteilen, damit geprüft werden könne, ob er einen angemessenen Unterhalt zahlt. Im Übrigen sei die Auskunft nicht ordnungsgemäß erteilt worden, da eine systematische Zusammenstellung fehlen würde.

Die Antragstellerinnen beantragen,

wie erkannt.

Zusätzlich beantragen sie,

den Antragsgegner zu verpflichten, über sein Vermögen durch Vorlage eines speziellen Vermögensverzeichnisses über alle aktiven und passiven Vermögenswerte im In- und Ausland zu erteilen.

Der Antragsgegner beantragt,

den Antrag zurückzuweisen.

Er ist der Auffassung, dass er bereits Auskunft in ausreichendem Maß erteilt habe, dies zuletzt im Verfahren 2015.

Wegen des weiteren Vorbringens der Beteiligten wird auf die zur Akte gereichten Schriftsätze nebst Anlagen Bezug genommen.

Der Antrag hat teilweise Erfolg. Der Antragsgegner ist verpflichtet, im tenorierten Umfang Auskunft zu erteilen. Anspruchsgrundlage hierfür ist § 1605 BGB, soweit die Antragstellerinnen zu 1 und 2 betroffen sind. Hinsichtlich der Antragstellerin zu Ziffer 3 ist Anspruchsgrundlage § 1580 BGB in Verbindung mit § 1605 BGB.

Zwar sehen beide Vorschriften vor, dass auch Auskunft verlangt werden kann über das Vermögen. Dieser Anspruch besteht jedoch im konkreten vorliegenden Fall nicht, da der Antragsgegner bereits eine Unterhaltsverpflichtung in Höhe von 100 % des Mindestunterhaltes eingegangen ist. Grundsätzlich ist nämlich der Unterhalt zu bedienen aus den laufenden Einkünften des zum Unterhalt Verpflichteten. Hierzu gehört gerade das Vermögen nicht, sondern nur die Erträge aus dem Vermögen.

Erst dann, wenn der Mindestunterhalt nicht erreicht wird, ist zu prüfen, ob ggf. aus dem Vermögen heraus Unterhalt zu leisten ist, und zwar dann bis zur Höhe des Mindestunterhaltes.

Was den vermeintlichen Auskunftsanspruch der Antragstellerin zu 3 anbetrifft, ist der Antragsgegner grundsätzlich nicht verpflichtet, sein Vermögen einzusetzen, um Nachscheidungsunterhalt zu bedienen. Ein güterrechtlicher Ausgleich ist grundsätzlich im Rahmen der Scheidung durchzuführen. Künftiger Vermögenserwerb betrifft nicht mehr das eheliche Zusammenleben, das nach § 1578 BGB Maßstab des Unterhaltsbedarfes ist.

Im Übrigen wird darauf hingewiesen, dass zumindest Bedenken bestehen, ob das Auskunftsverlangen in Bezug auf das Vermögen nicht rechtsmissbräuchlich ist. Im Rahmen des Parallelverfahrens, in dem es um die Herabsetzung des Mindest-Kindesunterhaltes geht, ist selbstverständlich der Kindesvater als Unterhaltsschuldner verpflichtet, auch anzugeben, ob Vermögen vorhanden ist oder nicht.

Nach alledem war wie tenoriert zu entscheiden.

Kosten und Nebenentscheidungen

Die Kostenentscheidung beruht auf § 243 Satz 1 und 2 Nr. 1 FamFG. Abweichend von den Vorschriften der Zivilprozessordnung über die Kostenentscheidung entscheidet das Gericht in Unterhaltssachen nach billigem Ermessen über die Verteilung der Kosten des Verfahrens auf die Beteiligten. Vorliegend ist hierbei insbesondere das Verhältnis von Obsiegen und Unterliegen der Beteiligten einschließlich der Dauer der Unterhaltsverpflichtung zu berücksichtigen.

Direktor des Amtsgerichts

Erlass des Beschlusses (§ 38 Abs. 3 Satz 3 FamFG):
Verkündung am 13.07.2016.

Justizobersekretärin
als Urkundsbeamtin der Geschäftsstelle

17. Schreiben der Kanzlei „Wohlsein“ an die Kanzlei „ehr&wehr“:[15]

G. ./. A.

Sehr geehrte Kollegen,

ich nehme Bezug auf den Beschluss des Amtsgerichts – Familiengericht – vom 13.07.2016, ausweislich dessen Ihr Mandant verpflichtet wurde, gemäß Ziffer 1 bis 8 des Tenors des Beschlusses Auskunft zu erteilen.

Wir haben daher Ihren Mandanten zur Vermeidung von Vollstreckungsmaßnahmen aufzufordern, die Auskunft unter Vorlage der entsprechenden Nachweise bis zum

15.08.2016

zu erteilen.

Mit freundlichem kollegialem Gruß
(von RAin diktiert und in ihrer Abwesenheit unterzeichnet durch)

(Rechtsanwalt)

[15] 28.07.2016

18. Schreiben der Kanzlei „ehr&wehr“ an die Kanzlei „Wohlsein“:[16]

A. ./. G. Auskunft

Sehr geehrte Damen und Herren Kollegen,

in der Auskunftsangelegenheit G. gegen A. wird, soweit dies heute möglich ist, unter Bezugnahme auf den Beschluss des Amtsgerichts vom 13.07.2016 wie folgt Auskunft erteilt:

1 a) Der Antragsgegner stand in der Zeit vom 01.01. bis 30.04.2015 in einem abhängigen Beschäftigungsverhältnis. Sein monatliches Nettoeinkommen hieraus betrug 733,93 €. Wir überreichen hierzu in Kopie als **Anlage** die Abrechnungen seines Gehaltes für diese vier Monate.

Des Weiteren überreichen wir als **Anlage** in Kopie das Kündigungsschreiben vom 31.03.2015, mit dem das Arbeitsverhältnis zum 30.04.2015 beendet wurde. Sonstige Einkünfte aus nichtselbständiger Tätigkeit erzielte der Antragsgegner in 2015 nicht.

Somit ergibt sich für diesen Zeitraum folgendes Einkommen, wobei ausdrücklich versichert wird, dass sonstige Einkünfte nicht erzielt wurden:

---

[16] 31.08.2016

01/2015 brutto 920,00 € netto 733,93 €
02/2015 brutto 920,00 € netto 733,93 €
03/2015 brutto 920,00 € netto 733,93 €
04/2015 brutto 920,00 € netto 733,93 €

1 b) Für die Zeit ab 01.05.2015 wurde dem Antragsgegner gemäß als **Anlage** beigefügter Kopie des Bescheides der Agentur für Arbeit vom 24.04.2015 ein Arbeitslosengeld von täglich 51,21 € bewilligt.

Ab 25.05.2015 wurde ihm mit Laufzeit bis zum 24.11.2015 von der Agentur für Arbeit ein Gründungszuschuss von monatlich 1.836,30 € bewilligt, der eine Pauschale von 300,00 € zur sozialen Sicherung enthielt. Der entsprechende Bescheid wird als **Anlage** in Kopie überreicht.

Die entsprechenden Belege wurden bereits im Verfahren 2015 mit entsprechendem Vortrag vorgelegt.

Somit ergibt sich für den Zeitraum von 01.05. bis zum 24.11.2015 ein Einkommen aus Arbeitslosengeld abzügl. der Pauschale von 300,00 € zur sozialen Sicherung wie folgt:

05/2015 1.587,51 €
06/2015 1.536,30 €
07/2015 1.587,51 €
08/2015 1.587,51 €
09/2015 1.536,30 €
10/2015 1.587,51 €
11/2015 1.229,04 €

Es ist darauf hinzuweisen, dass zu erwarten ist, dass diese Einkünfte zusammen mit Einkünften aus selbstständiger Tätigkeit und den Einkünften aus abhängiger Beschäftigung im ersten Kalenderdrittel zu steuerlichen Belastungen des Mandanten führen werden.

1 c) Unser Mandant musste während des gesamten Jahreszeitraums ab Eintritt der Arbeitslosigkeit Leistungen für die soziale Sicherung erbringen. Wir überreichen als **Anlage** Bescheid der Krankenkasse vom 29.01.2016 sowie eine Aufstellung unseres Mandanten über seine Einkünfte aus selbstständiger Tätigkeit von Mai 2015 bis Dezember 2015, aus der sich die Aufwendungen für Kranken-, Arbeitslosen- und Rentenversicherung, die er Monat für Monat erbrachte, in Höhe von insgesamt 2.350,14 € ergeben. Ergänzend wird das Schreiben der Bundesagentur für Arbeit vom 15.12.2015 als **Anlage** vorgelegt, aus welchem sich die monatlichen Beträge für die Sozialversicherung ergeben.

1 d) Über die Einkünfte des Mandanten in den Jahren 2013 und 14 hat Ihre Mandantin bereits mehrfach Auskunft erhalten, nicht zuletzt im vorangegangenen Unterhaltsverfahren. Mehr kann unser Mandant hierzu auch nicht beitragen. Ihre Mandantin kann in ihren eigenen Unterlagen sehen, wo sie dezidiert die Auskünfte unseres Mandanten hat, der trotzdem noch in seinen alten Einkünften aus vorangegangenen Jahren eine entsprechende Aufstellung fertigen wird.

1 e) Einkünfte aus Vermietung und Verpachtung sind nicht erzielt worden. Die Umsätze aus selbstständiger Tätigkeit ergeben sich aus der als **Anlage** beigefügten Aufstellung, die Ihnen bereits vorliegt. Welche

steuerliche Belastung auf unseren Mandanten noch zukommen wird, ist noch nicht geklärt.

Zu berücksichtigen sind die Monatlichen Ausgaben für soziale Sicherung, wie bereits ausgeführt und belegt, ferner die laufenden Unterhaltsleistungen unseres Mandanten für seine Kinder gemäß folgender Aufstellung:

15.06.2015 192,40 €
29.06.2015 426,00 €
29.06.2015 606,00 €
03.08.2015 606,00 €
01.09.2015 632,00 €
05.10.2015 632,00 €
02.11.2015 632,00 €
01.12.2015 632,00 €

Darüber hinaus hat unser Mandant auf alte Unterhaltsforderungen in der Zeit von Juli bis Dezember 2015 1.200,00 € an Ihre Mandantin gezahlt.

Die ständig wiederholten unwahren Behauptungen Ihrer Mandantin, unser Mandant habe keinen Unterhalt gezahlt – zuletzt im Gerichtstermin vom 29.08.2016 – werden nicht weiter hingenommen werden.

2. Das einzige positive Vermögen des Mandanten besteht in seinem Hausgrundstück. Hierzu wird als **Anlage** in Kopie Kaufvertrag überreicht. Aufgrund der an dem Hause vorgenommenen Renovierungen wird der Wert des Objekts per 31.12.2015 mit 100.000,00 € angegeben.

Der PKW, Bj. 2009, hat zum Stichtag einen Wert von ca. 2.500,00 €. Somit ergibt sich das positive Vermögen wie folgt:
Immobilie 100.000,00 €
PKW 2.500,00 €

Von seinem Bruder und seiner Mutter erhielt der Mandant diverse Darlehen. Entsprechende Bestätigungen von Mutter und Bruder sind angefordert und werden umgehend vorgelegt.

II 1) Die Einkommensteuererklärung für 2015 konnte bisher nicht gefertigt werden. Der Mandant erlitt durch seine Krebserkrankung, die erforderliche nachfolgende und noch andauernde Chemobehandlung, hierbei einen erheblichen Rückschlag.

2 a) Die Gehaltsabrechnungen sind vorgelegt.

2 b) Spesen sind nicht angefallen, ebenso nicht sonstige Nebenleistungen.

2 c) Ebenso sind Provisionen nicht angefallen.

4. Kapitaleinkünfte sind nicht angefallen. Zudem lag und liegt Kapital nicht vor.

5. Einkünfte aus Vermietung und Verpachtung lagen und liegen nicht vor.

6. Zu den Einkünften aus selbstständiger Tätigkeit liegt die Aufstellung unseres Mandanten für 2015 vor. Es bestehen weder

Gesellschaftsanteile noch sind Außenprüfungen vorgenommen worden noch sind Umsatzsteuerzahlungen geleistet worden, da unser Mandant in 2015 nur in geringem Umfang selbstständig tätig war.

7. a) Unser Mandant wohnt in einem alten Einfamilienhaus, Mietwert ca. 500,00 €. Die monatlichen Belastungen durch Heizung, Renovierungsrücklagen etc. betragen mindestens 500,00 €. Hierzu ist auch bereits mehrfach Auskunft erteilt worden.

Unser Mandant wohnt nicht „mit einem neuen Partner“ zusammen.
Unser Mandant hat in nicht unerheblichem Umfange Darlehensleistungen seiner Mutter und seines Bruders erhalten. Die entsprechenden Bestätigungen werden noch vorgelegt werden, sobald unser Mandant sie erhalten hat.

8. Außer den in dieser Auskunft angegebenen Einkünften lagen keine weiteren Einkünfte vor.

Mit kollegialen Grüßen

Rechtsanwalt

19. Schreiben der Kanzlei „Wohlsein“ an die Kanzlei „ehr&wehr“:[17]

G. ./. A.

Sehr geehrte Herren Kollegen,
sehr geehrter Herr Kollege,

wir nehmen Bezug auf Ihr Schreiben vom 31.08.2016.
Bedauerlicherweise haben Sie die von uns gesetzte Frist zur Auskunftserteilung über zwei Wochen überschritten; zudem liegen immer noch nicht alle Auskünfte gemäß richterlichem Beschluss vom 13.07.2016 vor.

Hierzu im Einzelnen: Unter Punkt 1d wurde Ihr Auftraggeber verpflichtet, Auskunft zu erteilen über sein Einkommen aus anderen Einkunftsarten für die drei Kalenderjahre 2014 – 2015 durch Vorlage eines spezifizierten und nach Jahren und Einkunftsquellen systematisch geordneten Verzeichnisses, in dem alle Einnahmen und Ausgaben angegeben sind. Durch Verweis auf vorangegangene Verfahren wird die Auskunft noch immer nicht erbracht. Aufgrund solcher *„Auskünfte“* war das vorliegende Auskunftsverfahren überhaupt erst nötig geworden. Bislang liegt die Auskunft jedenfalls nicht vor.

Auch die unter Punkt 1e geforderte Auskunft ist nicht ordnungsgemäß erbracht. Ihr Auftraggeber hatte hier seine Einkünfte aus selbständiger Arbeit zu belegen. Eine Gewinn/Verlustmitteilung inklusive entsprechender Belege liegt nicht vor.

[17] 15.09.2016

Gemäß Punkt 2 ist ein spezifiziertes Vermögensverzeichnis über alle aktiven und passiven Vermögenswerte über sein Vermögen zum 31.12.2015 vorzulegen. Einen Beleg über den Verkehrswert des Hauses gibt es nicht. Belege über die behaupteten Darlehen liegen ebenfalls nicht vor.

Gemäß Punkt 6 ist hinsichtlich des Einkommens aus selbständiger Arbeit, Gewerbe oder Land- und Forstwirtschaft eine vollständige Gewinnermittlung einschließlich detaillierter Verzeichnisse über das betriebliche Anlagevermögen und dessen steuerlicher Abschreibung etc. vorzulegen. Eine vollständige Gewinnermittlung liegt nicht vor. Die Verweisung auf andere Verfahren stellt keine hinreichende Auskunft dar.

Gemäß Punkt 7 ist Auskunft zu erteilen unter anderem über mietfreies Wohnen. Hierfür werden willkürlich 500,00 € angesetzt. Belege werden nicht vorgelegt.

Auch zu den Punkten 1d (Einkünfte 2014 und 2014) und Punkt 2 (Darlehensleistungen) liegen noch immer keine Belege vor. Punkt 1 (Steuererklärung) ist ebenfalls noch nicht belegt.

Wir geben hiermit letztmalig die Möglichkeit zur Vorlage bis spätestens

23. September 2016.

Andernfalls werden wir Vollstreckungsmaßnahmen einleiten.

Mit freundlichen Grüßen

(Rechtsanwältin)

20. Schreiben der Kanzlei „ehr&wehr“ an die Kanzlei „Wohlsein“:[18]

Sehr geehrte Frau Kollegin,

in der Angelegenheit wegen Auskunft unseres Mandanten darf ich vorwegschicken, dass bis zum heutigen Tage Ihre Mandantin weder eine Jugendamtsurkunde errichtet über den nach ihrer Meinung geschuldeten Unterhalt noch das Sparbuch der ältesten Tochter herausgegeben hat. Hierzu wird nunmehr eine Nachfrist bis zum 30.09.2016 gesetzt.

In der vorliegenden Sache wegen Auskunft ist es bedauerlicherweise zu dem aus hiesiger Sicht nicht gerechtfertigten Beschluss des Familiengerichts gekommen, der von Ihrer Mandantschaft nur aus Gründen der Schikane gegenüber unserem Mandanten erwirkt wurde, da Ihrer Mandantin sämtliche Zahlen der Einkünfte und des „Vermögens“ unseres Mandanten bekannt waren und sind.

Die Einkünfte unseres Mandanten ihm Jahre 2015 sind bereits Gegenstand umfassender Auskunft gewesen. Eine zusammenfassende Aufstellung liegt Ihnen bereits vor. Weitere Auskünfte als in dieser Tabelle enthalten liegen nicht vor.

Zum wiederholten Male werden als **Anlage** überreicht:

- Schreiben Agentur für Arbeit vom 18.11.2015 betreffend Gründungszuschuss

[18] 23.09.2016

- Schreiben Agentur für Arbeit vom 27.05.2015 betreffend Leistungen für die Zeit vom 25.05. bis 24.11.2015
- Bescheid der Agentur für Arbeit vom 22.05.2015
- Beleg über Arbeitslosengeld für die Zeit vom 01.05. bis zum 25.05.2015 über 1.229,24 €
- Vorangegangener Bewilligungsbescheid vom 24.04.2015
- Kopie der elektronischen Lohnsteuerbescheinigung für 2015
- Lohnabrechnungen für die Zeit vom 01.01. bis 30.04.2015
- Bestätigung der Agentur für Arbeit vom 15.12.2015 über die entrichteten Beiträge zur Arbeitslosenversicherung
- Beitragsbescheid der Krankenkasse vom 12.06.2015 über die monatlichen Krankenkassenbeiträge sowie
- Bestätigung der Krankenversicherung über die von 05-12/2015 geleisteten Beiträge

In 2014 hat unser Mandant folgende Einkünfte erzielt:
April bis Dezember 2014 6.609,51 €
Abhängige Beschäftigung gemäß den beigefügten Gehaltsabrechnungen
Arbeitslosengeld 1.329,64
Gemäß Schreiben der Agentur für Arbeit vom 13.03.2015.

In 2013 bezog der Arbeitslosengeld in Höhe von 17.080,76 €
Gemäß in Kopie beigefügter Bescheinigung der Arbeitsagentur vom 26.02.2014. Bis zum 27.01.2013 bezog er Krankengeld gemäß beigefügter Bescheinigung der Krankenkasse.

Da der Mandant bisher die Steuererklärung noch nicht fertig stellen konnte, liegt eine Einnahmen/Ausgaben/Überschussrechnung noch nicht vor. Diese wird nachgereicht, sobald zum Monatsende die Einkommensteuererklärung fertiggestellt ist.

Weitere Angaben zum positiven Vermögen unseres Mandanten als Sie bisher haben, können schlechterdings mangels weiteren Vermögens nicht gemacht werden.

Unser Mandant wartet noch auf eine Bestätigung seiner Mutter über die von ihr an ihn gegebenen Darlehen. Als Anlage erhalten Sie eine Bestätigung des Bruders unseres Mandanten über die hier aufgelaufenen Darlehen von derzeit insgesamt 7.500,00 €. Eine entsprechende Bestätigung der Mutter unseres Mandanten wird noch nachgereicht.

Es ist hier schlechterdings nicht nachzuvollziehen, was man auf Seiten Ihrer Mandantschaft vom betrieblichen Anlagevermögen unseres Mandanten hält. Wo soll dieses liegen? Anlagevermögen existiert nicht, außer, dass der alte PKW unseres Mandanten auch zu Fahrten verwendet wird.

Weder führt unser Mandant ein Gewerbe, noch eine Land- oder Forstwirtschaft. Es ist wirklich nicht nachzuvollziehen, was das Ganze diesbezüglich soll.

Der Wert des mietfreien Wohnens in Höhe von 500,00 € stammt von Ihrer Mandantschaft und deren früheren Verfahrensbevollmächtigten.

Mit freundlichen kollegialen Grüßen
Rechtsanwalt

21. <u>Schreiben der Kanzlei „ehr&wehr“ an die Kanzlei „Wohlsein“:</u>[19]

Sehr geehrte Frau Kollegin,

im Nachgang zu meinem Schreiben vom 23.09.2016 erhalten Sie als **Anlage** in Kopie die Bestätigung der Mutter unseres Mandanten vom 25.09.2016 über die Summe der unserem Mandanten darlehensweise zugewendeten Beträge.

Mit freundlichen kollegialen Grüßen

Rechtsanwalt

[19] 30.09.2016

22. Schreiben der Kanzlei „ehr&wehr“ an die Kanzlei „Wohlsein“:[20]

Sehr geehrte Frau Kollegin,

in der vorbezeichneten Angelegenheit überreiche ich als **Anlage** in Kopie die Einkommensteuererklärung unseres Mandanten für das Jahr 2015.

Mit freundlichen kollegialen Grüßen

Rechtsanwalt

[20] 04.10.2016

23. <u>Schreiben der Kanzlei „Wohlsein“ an die Kanzlei „ehr&wehr“:[21]</u>

G. ./. A.

Sehr geehrter Herr Kollege,

in vorgenannter Angelegenheit liegt die gemäß Beschluss vom 13.07.2016 zu erteilende Auskunft Ihres Auftraggebers noch immer nicht vollständig vor.

1. I., Nr. 1 d ist nicht ordnungsgemäß erfüllt. Es liegt kein spezifiziertes und nach Jahren und Einkunftsquellen geordnetes Verzeichnis für die Kalenderjahre 2013 bis 2015 vor.

2. Weiterhin fehlt ein Beleg zu den behaupteten monatlichen Hauskosten von 500,00 € (Punkt 7 a).

3. Ebenso fehlen Belege über die behaupteten Aufwendungen zur selbständigen Tätigkeit Ihres Mandanten.

Sollte Ihr Mandant die Auskunft nicht endlich ordnungsgemäß bis zum

24. November 2016

erfüllen, werden wir die Vollstreckung einleiten und einen Antrag auf Festsetzung eines Zwangsgeldes stellen.

Mit freundlichen kollegialen Grüßen
(Rechtsanwältin)

---

[21] 10.11.2016

24. Schreiben der Kanzlei „ehr&wehr“ an die Kanzlei „Wohlsein“:[22]

Sehr geehrte Frau Kollegin,

zu Ihrem Schreiben vom 10.11.2016 bezüglich der Auskünfte über das Einkommen unseres Mandanten darf ich folgendes anmerken:

Aus hiesiger Sicht ist Nr. 1d ordnungsgemäß erfüllt. Zu der gesamten Zeit sind die Einkünfte angegeben und zusammenhängend belegt. Auf eine Exceltabelle besteht kein Anspruch. Will Ihre Mandantin wirklich diese aus hiesiger Sicht völlig unsinnige Sache weiterführen? Ihre Mandantin hat alle Auskünfte erhalten.

Zu den monatlichen Hauskosten ist eine dezidierte Aufstellung überreicht worden. Diese Hauskosten sind in jedem Jahr nahezu identisch.

Sie haben die Einkommenssteuererklärung unseres Mandanten mit der Erklärung zu seinen Einkünften aus selbstständiger Tätigkeit erhalten, ebenso die Aufstellung über seine Umsätze und pauschal die Kosten. Unser Mandant ist keineswegs verpflichtet, Ihrer Mandantin jetzt Kilometerabrechnungen vorzulegen. Bei diesen geringen Einkünften sind Pauschalen rechtmäßig und ausreichend – selbst gegenüber dem Finanzamt.

Mit freundlichen kollegialen Grüßen

Rechtsanwalt

---

[22] 28.11.2016

25. Schreiben der Kanzlei „Wohlsein“ an die Kanzlei „ehr&wehr“:[23]

G. ./. A.

Sehr geehrte Herren Kollegen,
sehr geehrter Herr Kollege,

nach Rücksprache mit unserer Mandantin ist diese nicht bereit, den mit Beschluss vom 13.07.2016 erwirkten Auskunftsanspruch für erledigt zu erklären.

Noch immer liegt kein spezifiziertes und nach Jahren und Einkunftsquellen systematisch geordnetes Verzeichnis für die Kalenderjahre 2013 – 2015 vor, in dem alle Einnahmen und Ausgaben angegeben sind. Für ein solches Verzeichnis bedarf es keiner Excel-Tabelle; allerdings ist eine systematische Zusammenstellung aller Einnahmen/Ausgaben durch Ihren Mandanten noch immer nicht erfolgt. Eine „*scheibchenweise*“ Übersendung von teilweise nicht ausreichenden Belegen entspricht nicht den Anforderungen einer systematischen Zusammenstellung, die ihr Auftraggeber vorzunehmen hat.

Auch fehlt noch immer eine dezidierte Aufstellung der monatlichen Haus/Hausnebenkosten. Ihr Mandant wird wohl in der Lage sein, diese nachvollziehbar zusammenzustellen.

Ebenso verhält es sich mit den behaupteten Aufwendungen Ihres Auftraggebers etwa für einen Anzugkauf. Hierüber wird es sicherlich –

[23] 17.01.2017

auch für das Finanzamt – einen Beleg haben. Insgesamt werden die Belege für die geltend gemachten Aufwendungen von immerhin 3.462,78 € gefordert.

Schließlich bestehen Zweifel an den behaupteten Darlehen durch Mutter und Bruder Ihres Auftraggebers. Ein Datum enthält der Darlehensvertrag nicht.

Es ist nicht Aufgabe der Mandantin oder ihrer Verfahrensbevollmächtigten aus den übersandten Unterlagen eine Aufstellung der Einnahmen bzw. Ausgaben Ihres Auftraggebers zu „basteln"; vielmehr ist es – auch gemäß richterlichem Beschluss vom 13.07.2016 – Aufgabe und Pflicht Ihres Auftraggebers, unserer Mandantin ohne übermäßigen Arbeitsaufwand die Einkommensberechnung zu ermöglichen.

Letztmalig haben wir Sie bzw. Ihren Auftraggeber daher aufzufordern, die Vorgaben des Beschlusses vom 13.07.2016 umzusetzen und dem Auskunftsanspruch in der dort beschlossenen Form nachzukommen und zwar bis zum

25. Januar 2017

Andernfalls werden wir die Zwangsvollstreckung nach §§ 95 FamFG, 888 ZPO gegen Ihren Auftraggeber betreiben.

Mit freundlichen kollegialen Grüßen

(Rechtsanwältin)

26. Schreiben der Kanzlei „ehr&wehr“ an die Kanzlei „Wohlsein“:[24]

Sehr geehrte Frau Kollegin,

in Sachen G. gegen A. nehme ich Bezug auf Ihr Schreiben vom 17.01.2017.

Ich bedauere, dass dieses Schreiben aufgrund meiner zwischenzeitlichen Erkrankung während einiger Tage erst am 23.01.2017 an meinen Mandanten weitergeleitet wurde, so dass ich höflichst bitte, die gesetzte Frist um eine Woche zu verlängern.

Unabhängig hiervon bin ich der Auffassung, dass die Frage des Unterhaltes zwischen den Parteien nun endlich geklärt werden sollte und auch geklärt werden kann.

Ich überreiche als **Anlage** die Aufstellung unseres Mandanten über seine Einnahmen und Ausgaben in 2016. Nicht enthalten hierin ist die von ihm noch nicht in vollem Umfange ermittelten Fahrt- und sonstigen Kosten im Zusammenhang mit der selbstständigen Tätigkeit.

Weiter überlasse ich als **Anlage** den Arbeits- und Änderungsvertrag über die zeitlich befristete Teilzeitbeschäftigung. Bisher hat er hieraus Geld noch nicht erhalten.

[24] 28.11.2016

Des weiteren wird überreicht in **Kopie** die Lohnsteuerbescheinigung für 2016 nebst den Lohnabrechnungen für November und Dezember 2016 sowie Januar 2017.

Ferner erhalten Sie als **Anlage** in Kopie den Bewilligungsbescheid der Agentur für Arbeit über Leistungen, die nur im Monat Oktober 2016 geflossen sind nebst dem entsprechenden Aufhebungsbescheid.

Des weiteren erhalten Sie in **Kopie** die Rechnungen unseres Mandanten aus seiner selbstständigen Tätigkeit für die Zeit von September 2016 bis Januar 2017.

Leider hat Ihre Mandantin bis zum heutigen Tage trotz entsprechender Aufforderung noch keine Jugendamtsurkunde über den von ihr für die älteste Tochter gezahlten monatlichen Unterhalt errichtet. Ihre Mandantin wird hierzu aufgefordert, die nunmehr innerhalb von zwei Wochen ab dem Datum dieses Schreibens nachzuholen und zu veranlassen, dass eine vollstreckbare Urkunde uns zugesandt wird.

Ihre Mandantin hat bisher trotz entsprechender Aufforderung keine vollständige Auskunft über ihre Einkünfte erteilt. In ihrem Haus lebte bzw. lebt der Vater ihrer Kinder. Der Vater nicht ehelicher Kinder ist jedenfalls während der ersten drei Lebensjahre dieser Kinder zur Zahlung von Unterhalt nicht nur für die Kinder, sondern auch für Ihre Mandantin an Ihre Mandantin verpflichtet. Es wird hierzu ebenfalls binnen zwei Wochen ab dem Datum dieses Schreibens Auskunft Ihrer Mandantin erbeten.

Ihre Mandantin sollte vermeiden, dass im rechtsanhängigen Verfahren 2016 mein Mandant zu einer Erweiterung der Klage, nämlich auf Titulierung des Unterhaltsanspruchs der ältesten Tochter gezwungen ist, für den Fall, dass hier keine Auskunft erteilt wird.

Ich gehe davon aus, dass angesichts der hinsichtlich des Einkommens unseres Mandanten weitestgehend geklärten Situation eine einverständliche Lösung bezüglich des Unterhaltes für die jüngere Tochter gefunden werden kann, aber auch hinsichtlich des Unterhaltes, den Ihre Mandantin für die ältere Tochter zu zahlen hat.

Nach Eingang der Auskunft Ihrer Mandantin beabsichtige ich, einen Einigungsvorschlag zu unterbreiten. Der Termin, der auf den 16.03.2017 anberaumt worden ist, könnte dazu genutzt werden, zwischen den Parteien eine einverständliche Lösung zu finden bzw. zu protokollieren.

Mit freundlichen kollegialen Grüßen

Rechtsanwalt

II. Verfahrenskostenhilfegesuch (2016):

1. Schreiben Kanzlei „Wohlsein“ an das Amtsgericht:[25]

In Sachen

G.
./.
A.

hier: Auskunft

Wir beantragen,

> **der Antragstellerin für das Verfahren Verfahrenskostenhilfe zu gewähren unter Beiordnung des Unterzeichners.**

Die entsprechende Erklärung nebst den dazu gehörigen Belegen ist beigefügt.

Die Rechtsanwälte
durch

(Rechtsanwalt)

---

[25] 25.04.2016

2. Schreiben des Amtsgerichts an die Kanzlei „Wohlsein“:[26]

In Sachen

G. ./. A.

wg. Unterhalt Kind

Sehr geehrte Damen und Herren Rechtsanwälte,

Ihr Antrag führt das Geschäftszeichen

2016

und wurde der Gegenseite zur Stellungnahme übermittelt.

Zur Verfahrenskostenhilfe fehlen noch die nachfolgenden Unterlagen. Falls diese nicht innerhalb von

2 Wochen

nachgereicht werden, ist mit der Versagung der Verfahrenskostenhilfe bzw. mit Nachteilen bei der Festsetzung der Ratenhöhe zu rechnen.

[26] 29.04.2016

Fehlende Unterlagen:

Die Eintragungen sind teilweise nicht lesbar.

Zum Nachweis der Einkommensverhältnisse die Lohn-/ Gehaltsbescheinigungen der Mutter über einen Zeitraum von mindestens 12 Monaten vorzulegen sowie den letzten Steuerbescheid.

Zahlungen auf die genannten Verbindlichkeiten sind zu belegen.

Kann zu den Bedingungen eines ansässigen Anwaltes beigeordnet werden?

Es bestehen Bedenken hinsichtlich der Erfolgsaussichten.

Die Argumentation ist nicht nachvollziehbar, da Titel in Höhe des Mindestunterhalts bestehen.

Mit freundlichen Grüßen
Auf Anordnung

Justizbeschäftigte
Dieses Schreiben wurde elektronisch erstellt und ist ohne Unterschrift gültig.

3. Schreiben Kanzlei „Wohlsein“ an das Amtsgericht:[27]

In Sachen

G.

./.

A.

Schriftsatzfrist: 17.05.2016

überreichen wir anliegend **im Original** die von der Antragstellerin ausgefüllte Erklärung über die persönlichen und wirtschaftlichen Verhältnisse vom 16./17.02.2016 nebst **Leseabschrift**.

Ferner überreichen wir

- Die Gehaltsmitteilung für Dezember 2015, aus der sich die Jahresbruttobezüge ergeben,
- Die Lohnsteuerbescheinigung für 2015,
- Den Einkommensteuerbescheid für 2014, sowie
- Das Schreiben der Kreisverwaltung bezüglich Leistungen nach dem Unterhaltsvorschussgesetz für das jüngere Kiind

Die Rechtsanwälte
durch

(Rechtsanwalt)

[27] 12.05.2016

4. Beschluss des Amtsgerichts:[28]

IM NAMEN DES VOLKES

Beschluss

In der Familiensache

1. Der ältesten Tochter, vertreten durch die gesetzliche Vertreterin

- **Antragstellerin** -

2. Der jüngeren Tochter, vertreten durch die gesetzliche Vertreterin

- **Antragstellerin** -

gegen

Herrn A.

- **Antragsgegner** -

wegen Kindesunterhalt

hat das Amtsgericht – Familiengericht – durch den Direktor des Amtsgerichts am 26.07.2017 beschlossen:

Der Antrag der Antragstellerinnen vom 25.04.2016 auf Bewilligung von Verfahrenskostenhilfe wird abgelehnt.

---

[28] 26.07.2016

Gründe:

Die beabsichtigte Rechtsverfolgung bietet keine hinreichende Aussicht auf Erfolg, § 113 Abs. 1 FamFG, § 114 ZPO. Dies war bereits bei Antragstellung der Fall. Auf den Beschluss vom 13.07.2016 wird verwiesen.

Der Antrag auf Bewilligung von Verfahrenskostenhilfe ist daher abzulehnen.

Rechtsbehelfsbelehrung:

Gegen diesen Beschluss ist die sofortige Beschwerde für den die Verfahrenskostenhilfe beantragten Beteiligten nicht statthaft, da der Wert der Hauptsache den Betrag von 600,00 € nicht übersteigt und das Gericht nicht ausschließlich die persönlichen und wirtschaftlichen Voraussetzungen für die Verfahrenskostenhilfe verneint hat. Für die Staatskasse ist die Beschwerde ebenfalls nicht statthaft.

Direktor des Amtsgerichts

Erlass des Beschlusses (§ 38 Abs. 3 Satz 3 FamFG):
Übergabe an die Geschäftsstelle
am 27.07.2016.
Justizbeschäftigte
als Urkundsbeamtin der Geschäftsstelle

5. <u>Schreiben Kanzlei „Wohlsein“ an Frau G.:</u>[29]

G. ./. A.

Sehr geehrte Frau G.,

in vorbezeichneter Angelegenheit überreichen wir die Abschrift des Beschlusses des AG vom 26.07.2016, uns zugestellt am 04.08.2016.

Das Gericht weist den Antrag auf Bewilligung von Verfahrenskostenhilfe zurück, da die beabsichtigte Rechtsverfolgung keine hinreichende Aussicht auf Erfolg biete.

Es verweist auf den Beschluss vom 13.07.2016.

Da der Wert der Hauptsache vorliegend den Betrag von € 600,00 nicht übersteigt, ist gegen diesen Beschluss die sofortige Beschwerde nicht möglich.

Mit freundlichen Grüßen
für den kanzleiabwesenden RA

(Rechtsanwältin)

[29] 11.08.2016

6. <u>Schreiben Kanzlei „Wohlsein“ an das Amtsgericht:</u>[30]

In Sachen

G.

./.

A.

nehmen wir Bezug auf den Beschluss des angerufenen Gerichtes vom 26.07.2016.

Das Gericht hat den Antrag der Antragstellerinnen vom 25.04.2016 auf Bewilligung von Verfahrenskostenhilfe abgelehnt mit der Begründung, dass die beabsichtigte Rechtsverfolgung keine hinreichende Aussicht auf Erfolg biete. Es wird insoweit auf den Beschluss des Gerichtes vom 13.07.2016 verwiesen.

Die Entscheidung ist insoweit nicht nachzuvollziehen, als in dem besagten Beschluss vom 13.07.2016 dem Antrag der Antragstellerinnen zur Auskunftserteilung zu einem Großteil stattgegeben worden ist. Insoweit müsste jedenfalls für den stattgegebenen Teil Verfahrenskostenhilfe bewilligt werden.

Da gegen den Beschluss die sofortige Beschwerde nicht möglich ist, bitten wir, auf diesem Wege Abhilfe zu schaffen.

Die Rechtsanwälte

durch

für den kanzleiabwesenden RA

(Rechtsanwältin)

---

[30] 11.08.2016

7. Beschluss des Amtsgerichtes:[31]

IM NAMEN DES VOLKES

Beschluss

In der Familiensache

1. Der ältesten Tochter, vertreten durch die gesetzliche Vertreterin

- **Antragstellerin -**

2. Der jüngeren Tochter, vertreten durch die gesetzliche Vertreterin

- **Antragstellerin -**

gegen

Herrn A.

- **Antragsgegner -**

wegen Kindesunterhalt

hat das Amtsgericht – Familiengericht – durch den Direktor des Amtsgerichts am 12.08.2017 beschlossen:

[31] 12.08.2016

Die Gründe im Beschluss über die Bewilligung von Verfahrenskostenhilfe vom 26.07.2016 werden wie folgt abgeändert bzw. ergänzt:

Die beabsichtigte Rechtsverfolgung bietet keine hinreichende Aussicht auf Erfolg, soweit eine Auskunft zum Vermögen verlangt wurde, § 113 Abs. 1 FamFG, § 114 ZPO. Dies war bereits bei Antragstellung der Fall. Auf den Beschluss vom 13.07.2016 wird verwiesen.
Der Antrag auf Bewilligung von Verfahrenskostenhilfe ist daher abzulehnen.

Rechtsbehelfsbelehrung:

Gegen diesen Beschluss ist die sofortige Beschwerde für den die Verfahrenskostenhilfe beantragten Beteiligten nicht statthaft, da der Wert der Hauptsache den Betrag von 600,00 € nicht übersteigt und das Gericht nicht ausschließlich die persönlichen und wirtschaftlichen Voraussetzungen für die Verfahrenskostenhilfe verneint hat. Für die Staatskasse ist die Beschwerde ebenfalls nicht statthaft.

Direktor des Amtsgerichts

Beglaubigt:

Justizbeschäftigte
als Urkundsbeamtin der Geschäftsstelle

8. Schreiben Kanzlei „Wohlsein“ an Frau G.:[32]

G. ./. A.

Sehr geehrte Frau G.,

in vorbezeichneter Angelegenheit überreichen wir den Beschluss des angerufenen Familiengerichts vom 12.08.2016 mit der Bitte um Kenntnisnahme.

Ein Rechtsmittel ist gegen diesen Beschluss nicht möglich.

Mit freundlichen Grüßen
für den kanzleiabwesenden RA

(Rechtsanwältin)

[32] 24.08.2016

FSC
www.fsc.org
MIX
Papier | Fördert
gute Waldnutzung
FSC® C083411

Kolibri 360 GmbH
Ferdinand-Jühlke-Straße 7
99095 Erfurt, Deutschland
produktsicherheit@kolibri360.de

Druck:
CPI Druckdienstleistungen GmbH
im Auftrag der
Kolibri 360 GmbH
Ferdinand-Jühlke-Str. 7
99095 Erfurt